AF400104

Et si...

Milène Moore

Et si...

Je tiens à faire une dédicaces à ceux qui m'ont
encouragés, et qui ne m'ont jamais laissés
tombés afin d'écrire ce recueil :

Diane Garat, ma professeure de littérature
anglaise, qui m'a beaucoup encouragée.
Evelyne Paquet, ma professeure de français,
qui m'ai beaucoup aidée à composer ce recueil
et le publier.
Christine Fiquet, qui m'a donné assez de
courage pour partager mes écrits.

Je remercie également mes amies et amis, ma
famille, et toutes les personnes qui sont restées
dans ma vie.

Le temps qui passe

Le temps qui passe

dont jamais je ne me lasse

Et de la tristesse

Qui jamais ne me laisse.

Sur mes joues, les larmes

Qui agissent comme une arme

M'accompagnant dans mon éveil

M'abandonnant dans mon sommeil

Est-ce un don ou un malédiction ?

Qui pour moi est une prison.

Mais pour vous peut-être

L'expression d'une perte.

Dans cette impasse

De ma carapace

Le sourire me manque

Pour cette joie inexistante.

Espoir

Espérer

Pour mieux voler

Mais est-ce qu'un jour

Ce sera mon tour ?

Espérer

Aller mieux

Ou simplement rêver

D'avoir un jour heureux

Espérer

La retrouver

Cette si belle innocence

Où rien n'avait de sens.

Espérer

Peut-être pour croire

En une nouvelle histoire

Où je serais préservée.

Partir

Partir loin d'ici

C'est ce que je dois

pour enfin fuir

Ce petit bout de moi.

Partir loin de toi

Tel est mon destin

Pour retrouver la foi

Tel est mon dessein.

Partir aujourd'hui

Je ne m'excuserai pas

Même si je te fuis

Jamais tu ne m'en voudras.

Revenir près de moi

Pour retrouver enfin

Toute cette joie

Avant que ce ne soit la fin.

Tu es si belle

Tu es si belle

Quand tu danses

Et par ta brillance

Tu fais ton étincelle.

Mais ta beauté

Te rend dangereuse

Même si tu es heureuse

Tu m'as heurtée.

Nous vivons d'une même source,

Qui est si douce

Mais brûlée

Tu m'as laissée.

La voix qui tremble

La voix qui tremble

Je te contemple

Es-tu réel

Toi, qui est si belle ?

Mais quelle est cette beauté,

Qui m'a tant blessée ?

Ma confiance est-elle confuse ?

Si j'aime ce qui me tue ?

Du matin au soir

Tout est blanc ou noir

Tu es mon phare dans la nuit

Mais dans la tombe, tu m'as conduit.

Un, deux, trois

Un, deux, trois,

Je suis ta proie,

Quatre, cinq, six,

Mes pensées s'obscurcissent.

De ta perte, je me suis relevée

A l'agonie de mes pensées

Ton corps inerte

Me fait disparaître.

Est-ce un rêve ou la réalité ?

Mon histoire est tienne

Ton histoire est mienne

Telle est la moralité.

Encore

Encore

Tu veux éclore

Ta coquille casse

Et tu m'enlaces.

Je ne t'aime pas

Je n'ai pas le choix

Mais tu m'habites

Et me rends triste.

Tu me colles

Puis tu m'affoles

Y penser

J'y suis obligée.

Tu m'obsèdes

Tu veux que je cède

J'y succombe

Jusqu'à la tombe.

Trahisons

Trahisons

Au rythme des saisons

Dans tes yeux, je me perds

Telle un bateau en mer.

Aucune confiance

Sonne comme une évidence

Dans ton âme impure

Tes pensées obscures.

Aucune méfiance

Me semblait une évidence

Dans ma nature innocente

Tes idées blessantes.

Ta perte me tue

Ta perte me tue

Depuis ton départ, je suis confuse

Pourquoi es-tu partie ?

Pourquoi t'enlever la vie ?

Je ne peux t'en vouloir

Je n'en ai pas le pouvoir

Je penserai à toi

Jusqu'à en perdre la foie.

Revivre

Revivre, tu m'en empêches

Un combat contre moi-même, je me dépêche

Ce qui me terrifie me fait vivre

Ce qui m'attire me fait mourir.

Une bataille imposée...

Tellement de questions posées

Nécessaires à ma survie.

Je me ramène à la vie.

Ressentir cette joie,

Se mêler à ma peur.

Je ne suis plus ta proie,

Tu as cela en horreur.

Cette énergie parcourant mon corps

Nous met en désaccord.

Je ne me bas plus contre moi

Je gagne face à toi.

Éblouie par la nuit

Éblouie par la nuit

Quand tout le monde m'oublie

Je suis seule

Ou bien la dernière du puzzle.

Suis-je allergique à la vie

Suis-je allergique à mes larmes

Suis-je allergique à mes rires

Suis-je allergique à son charme

Toutes ces questions

Ne sont plus illusions

Puisque de chacune d'elles

J'en reviens à préférer le ciel.

Éternel recommencement

Ce n'est qu'un éternel recommencement

Car on se ment

A la recherche de l'espoir

Quand tout est noir.

Mais tout ces mensonges

Je ne le supporte plus

Chaque nuit j'y songe

Mais je n'y crois plus.

Aurais-je un jour la foie

Et croire en l'au-delà

Arrêter de me consumer

Par le feu et m'en aller.

Douce nuit

Douce nuit printanière

Sous les étoiles dont la lune est mère

L'odeur de cette pluie finie

Ample mes narines avec envie.

Cette astre que je contemple

A Diane quand j'y pense, hors du temple

Et Vénus pour l'amour que je porte

A cette beauté blanche qui m'emporte.

Lorsque le jour se lève,

Le soleil d'Apollon m'ensorcelle

Me donnant envie de danser

Dès que je serai levée.

Petites perles lumineuses

Petites perles lumineuses

Scintillantes, aux allures vertigineuses

Vous flottez au-dessus de nos tête

Je fais de vous une nouvelle quête.

Visibles dans l'obscurité

Dans le noir naît votre beauté

Maîtresses de notre protection

Vous êtes ma deuxième maison.

Guérison

Un pas à la fois

J'espère un jour voir la lumière

Enfin la fin d'une ère

En ça je crois.

Si un jour

Si un jour

Je te quitte

Avant que tu ne m'habites

Loin de toi pour toujours

Je t'aime et je te déteste

Je veux que tu partes, mais tu restes

Faut-il que je te supplie

Ou est-ce qu'un regard te suffit.

Je te subis

Tu me détruis

Mais peut-être qu'un jour

Je serais loin de toi pour toujours.

Obsession

Un jour de plus dans les ténèbres

Tu m'habites

Je cohabite

Mais à toi je cède.

Tu es si venue un jour

Je t'ai laissée entrer

Mais pour toujours

Tu veux rester.

Rien ne sert de te supplier

Tu ne partiras pas si facilement

Tu t'es installée

A moi de m'y faire à présent

Sombres pensées

Oui, dans ma tête tu es

Pour toi c'est un succès

Pour moi c'est insensé.

Est-ce que tu m'aimes

Est-ce que tu m'aimes ?

Toi, qui ne me lâche pas,

Réponds-moi

En oubliant cette haine.

Plus je te contemple

Plus je succombe à ta beauté

Qui, avec abondance

Est acte de cruauté.

Souvent je me demande

Est-ce que je l'ai mérité ?

Mais à cette question abordée

S'approche une atmosphère pesante.

LMD

Ces petites boucles de feu

Ornent cette perle blanche

Enfermant ces yeux

Qui me font tomber avec violence.

Ce vert somptueux

Et le roux de tes cheveux

Forment une parfaite harmonie

Que je contemple avec envie.

Ce que je vois à travers elle

Derrière cette femme, si belle

Est un amour inconditionnel

Qui agissent comme un appel.

Me rapprocher d'elle

Me semblait évident

Elle est ma confidente

Je suis folle d'elle.

Souvenirs

Mon enfance

Construite dans l'errance

Ai-je été aimée.

Ou encore détestée ?

Aimée, je n'en doute pas

Merci papa

Mais j'ai été blessée

Et manipulée

Les traumatismes d'enfant

Ne s'effacent pas dans le temps

Les années passent lentement

Et on souffre longtemps

Depuis petite je me dit

« Pourquoi suis-je en vie ? »

Et maintenant

Je voudrais avancer le temps

J'ai besoin de me reposer

Et de me sentir aimée

Être apaisée

Mais pas délaissée

Je voudrais m'enfuir

Fermer les yeux

Et me réveiller

Que dix années se soient écoulées.

Je veux partir de cet enfer

Et enfin faire

Ce qui me plaît

Aimer

Sans me souvenir de mon passé...

Résister

Résister

Ne jamais s'arrêter

Courir

Ne jamais en finir

N'oublie jamais

Ceux que tu aimais

Mais qui sont partis

Refaire leur vie

Ils ne reviendront

Que si tu te bas

Même si ce combat

Jamais ils ne le comprendront.

Guéris

Avance

Prend confiance

Et vie.

Maman disait toujours....

« Fais ceci !

Fais cela !

Fais le bien,

Ou ne fais rien !

Apprends vite !

Fais plus vite !

Va-t'en vite !

Encore plus vite ! »

Mais maman,

Je ne suis qu'une enfant.

Je veux que tu me protèges,

Pas que tu sois mauvaise

Tu me négliges…

Et tu m'affliges.

Aimes-moi !

Je n'ai que toi.

Table :

Le temps qui passe………………………………………………p9

Espoir……………………………………………………p11

Partir……………………………………………………p12

Tu es si belle……………………………………………p14

La voix qui tremble………………………………………p16

Un, deux, trois……………………………………………p18

Encore……………………………………………………p20

Trahisons…………………………………………………p22

Ta perte me tue……………………………………………p24

Revivre……………………………………………………p25

Éblouie par la nuit………………………………………p27

Éternel recommencement…………………………………p29

Douce nuit…………………………………………………p32

Petites perles lumineuses……………………………………..p34

Guérison……………………………………………………..p35

Si un jour……………………………………………………..p36

Obsession…………………………………………………….p38

Est-ce que tu m'aimes ?……………………………………..p40

LMD………………………………………………………..p42

Souvenirs…………………………………………………….p44

Résister……………………………………………………..p48

Maman disait toujours……………………………………..p50